El secreto de Olga

Esta obra ha sido galardonada con el X Premio de Literatura Infantil «Ciudad de Málaga» 2019, convocado por el Ayuntamiento de Málaga en colaboración con Anaya y coordinado por Antonio A. Gómez Yebra, quien formó parte del jurado junto a Ana Alcolea, Jackeline De Barros, Pablo Aranda y Pablo Cruz.

Ayuntamiento
de Málaga
Área de Educación

Juan Ignacio Luca de Tena, 15. 28027 Madrid
www.anayainfantilyjuvenil.com
e-mail: anayaintantilyjuvenil@anaya.es

1.ª edición, noviembre 2019

ISBN: 978-84-698-4806-7
Depósito legal: M-30049-2019

Impreso en España - Printed in Spain

PAPEL DE FIBRA
CERTIFICADO

X PREMIO DE LITERATURA INFANTIL CIUDAD DE MÁLAGA, 2019

El secreto de Olga

Patricia García-Rojo

Ilustraciones de María Corredera

ANAYA

Para los que no tiran papeles al suelo.

1
UN MUNDO DE BASURA

Olga tiene diez años y sueña con un bosque. Olga jamás ha visto un árbol en su vida. Pero sí montañas de basura. En el futuro, que es donde vive, los nombres de los árboles están apuntados en una lista. Y la lista tiene cincuenta páginas. En el futuro todos los árboles están juntos, muertos de miedo, en los diez últimos bosques que existen. Lo demás es basura.

Llanuras de basura.

Ríos de basura.

Casas de basura.

Por eso Olga sueña con hojas verdes y brillantes. Ha visto árboles en los libros, los ha visto en las viejas películas que enseñan cómo era el pasado. Antes, mucho antes de que los humanos convirtiesen la Tierra en un estercolero.

Olga siempre pide lo mismo en su cumpleaños: semillas.

Otros niños piden videojuegos y viajes al espacio.

Su hermana, Lina, pide unos pulmones limpios.

2
El descubrimiento

—¿Qué me vas a enseñar? —pregunta Marcos.

Marcos tiene unas gafas verdes y un miedo terrible a lo desconocido.

Odia las sorpresas, los gritos, los ruidos fuertes, el desorden y el queso fundido.

Cuando salen del colegio, Marcos le da la mano a Olga y anda con los ojos cerrados. No soporta ver el desorden de la basura que llena cada rincón del mundo.

En su jardín, Marcos ha ordenado la basura por colores y por tamaños: los neumáticos con los neumáticos, los vasos de plástico con los vasos de plástico, las tostadoras con las tostadoras…

Marcos sueña con ordenar toda la basura del mundo.

—¿Qué me vas a enseñar? —le repite a Olga, sin despegar los ojos.

—Mi cuarto —contesta su amiga.

—¿Tu cuarto está ordenado?

—A su manera.

—¿Eso qué significa?

—Escalón —avisa Olga, y le indica que suba el pie porque tienen que escalar un montecito de bolsas de plástico y pajitas.

Marcos nunca ha estado en casa de Olga. No le gusta ir a las casas de los demás porque se pone nervioso si los cojines están tirados por el suelo o tienen los platos sin lavar.

—No sé si quiero ver tu cuarto —confiesa.

Pero ya han llegado a la puerta de Olga.

3
El aspirador de plásticos

La puerta de la casa de Olga es roja.

En un mundo gris, una puerta roja es como un grito. Y eso a Marcos no le gusta.

Pero Olga es su mejor amiga. Por eso le aprieta la mano. Marcos decide ser valiente y entrar.

Lina, la hermana de Olga, está sentada en el salón viendo la tele mientras se enchufa a la máquina que limpia sus pulmones. Hace un ruido de flu y de fla, como si un dragón durmiese profundamente.

—Vamos a mi cuarto —anuncia Olga.

Pero a Lina le da igual. Solo piensa en que le quedan dos horas más de estar enchufada. Así que no responde.

—¿Qué es ese ruido? —pregunta Marcos mientras suben las escaleras.

—Es el aspirador de plásticos que limpia la respiración de Lina —explica Olga.

Marcos se imagina que inventa un gran aspirador de basura que hace flu y hace fla. Se imagina que con él limpia todo el planeta. Se imagina que todo queda ordenado.

Entonces Olga empuja la puerta de su cuarto y Marcos tiene que dejar de imaginar.

4
Coleccionista de semillas

En el pasado había semillas por todos sitios.

Podías cogerlas en el campo o comprarlas en los supermercados.

Podías plantar una habichuela en un trozo de algodón y ver cómo salía un tallo verde y alto, hasta que aparecía una hoja.

En el futuro, las semillas son muy difíciles de encontrar.

Por eso para Olga son un tesoro.

Por eso sus padres las piden por Internet cuando llega su cumpleaños.

Hay coleccionistas de semillas que las guardan o que las intercambian como sellos.

Jamás las plantan. La tierra es sucia, el aire está contaminado y el agua llena de partículas de plástico. Los coleccionistas temen que las semillas se estropeen o se pierdan para siempre.

Olga no.

5
El aroma de la naturaleza

—¡Halaaaaa! —Marcos abre los ojos como platos.

Por primera vez en su vida el desorden no le parece molesto.

El cuarto de Olga parece sacado del mundo de la imaginación. Hay macetas por el suelo y colgando de las paredes, parterres llenos de hojas verdes, de plantas de todo tipo, con flor y sin flor. El aroma de la naturaleza envuelve cada rincón y los ojos, acostumbrados al gris, se sienten deslumbrados por tantos colores.

Olga hincha el pecho orgullosa.

Ha tardado cinco años en conseguir que su cuarto parezca un jardín. Plantó

su primera semilla después de ver un vídeo con más de cien años de antigüedad. En él se veía el crecimiento de las plantas. Le pareció algo tan fascinante que quiso probar. Y su madre, que trabaja como bióloga en un laboratorio que estudia cómo arreglar el problemón del planeta, le regaló su primera semilla.

Desde aquel primer trozo de algodón, Olga ha perfeccionado su estrategia. Consigue la mejor tierra cerca del río y la limpia de todos los papeles de chicle y colillas que encuentra. También filtra el agua con la que riega. Incluso invita a algunos bichos a pasear por su cuarto, porque ha leído en los libros de la biblioteca que insectos como las abejas ayudan a las plantas a hacer su trabajo.

Marcos le coge la mano a su amiga y la mira con una gran sonrisa.

—Tu cuarto es como un secreto —le dice, aún alucinado—. Pero un secreto bueno.

6
La Tierra está incómoda

Hace tiempo que la Tierra está incómoda.

Le pica por aquí y le pica por allí.

El agua se le ha puesto hecha una pena.

El aire le huele a rancio.

Le han salido montañas de ordenadores viejos.

¡Y para colmo, esos tontos de los seres humanos están tirando la basura al cielo!

No se lo puede creer.

—Como no cabe más basura en el planeta, vamos a lanzarla al espacio —ha dicho un político, sin ninguna vergüenza, en una rueda de prensa.

La Tierra se ha puesto muy triste al escucharlo.

—No han tenido bastante con ensuciarme el cuerpo. Ahora quieren ensuciarme la imaginación.

7
El jardín secreto

Olga le señala a su amigo Marcos cada planta y le explica cómo se llama.

Utiliza nombres extraños que Marcos desconoce. Cinta, madreselva, margarita, pino, clavel, roble, cactus, tomillo, ficus, manzanilla, acebuche, limonero, jacaranda, campanilla, encina, alhelí. Le parecen palabras mágicas.

—Algunos crecerán y serán árboles —le cuenta Olga.

—¿Van a caber árboles en tu cuarto?

Olga saca su libro preferido y se lo enseña a su mejor amigo. Es una enciclopedia sobre la naturaleza que le regalaron sus abuelos el año pasado. Cuenta cómo era el planeta antes de que la gente dejase de cuidarlo. Ahí salen especies de animales y plantas que han desaparecido. En una página, aparece una comparativa del tamaño de diferentes árboles con una casa familiar. Marcos mira la planta más alta de Olga y niega con la cabeza.

—No, no van a caberte. —Comprende en el acto.

—Por eso necesito tu ayuda.

8
HACE TIEMPO

Una tarde, Olga se quedó dormida escuchando el flu y el fla de la máquina de su hermana. Era un sonido que la mecía.

Aunque Lina era mayor que ella y siempre le decía que no debía preocuparse por nada, Olga tenía miedo constantemente por su hermana. A veces tenía pesadillas en las que Lina dejaba de respirar. Sus padres insistían en que Lina mejoraba mucho, en que pronto podría dejar de usar su máquina. Pero Olga no podía estar tranquila.

Por eso en aquella siesta soñó con grandes árboles. Con un bosque cruzado por un gran río cristalino y limpio. El aire se convertía en música entre las ramas.

Los pájaros volaban felices. Y Olga sentía el suelo verde bajo sus pies como una alfombra mullida. Entonces, el espíritu del bosque le habló.

9

Lo que dijo el espíritu del bosque

Soy viejo como el mundo.

Mis raíces buscan tierra limpia en las profundidades del planeta.

Mis ramas buscan aire limpio cerca de las estrellas.

En el pasado, yo llamaba a la lluvia y venía.

En el pasado, las ardillas y los ciervos corrían entre mi pelo.

Mis hojas conocían el nombre del viento.

Los humanos eran mis amigos.

Por eso les di mi madera, y lavé su oxígeno, y ofrecí mis frutos.

Ahora se han olvidado de mí.

Soy una reliquia.

Un museo vigilado.
Un punto verde en medio de la basura.
Me quieren y me tienen miedo a la vez.
Creen que si me tocan, van a romperme.
¿Cómo haré que me recuerden?

10
Una mentira gorda

—Mis padres van a llevar a Lina al hospital este fin de semana —le explica Olga a Marcos—. Van a enchufarla a otra máquina mejor. Le harán una limpieza de primavera.

A su amigo le encanta como suena. Todo lo que suene a limpio, le gusta.

—Necesito que me ayudes a contar una mentira —sigue Olga.

Eso a Marcos ya no le gusta tanto.

Olga lo lee en su cara.

—Una mentira gorda —avisa.

—Esto no me está gustando —se queja Marcos, retorciendo sus manos pequeñas.

—Voy a decirle a mis padres que me quedo a dormir en tu casa —sigue Olga sin piedad—. Pero en realidad voy a subir a la montaña.

—¿A qué montaña?

Marcos no sabe si habla de la montaña de frigoríficos que hay a la salida del pueblo junto al centro comercial o de la montaña de latas de refrescos que hay junto a la estación de autobuses.

—A la que tiene el bosque en su cima —responde Olga.

Entonces se hace un gran silencio.

11
Razones

Marcos quiere hacer una lista de razones por las que Olga no debería decir esas tonterías.

Pero en el cuarto de su amiga no se ve ninguna pantalla para escribir. Así que tiene que hacerla en la cabeza, y se ayuda con los dedos de las manos.

Lo primero es que no se deben decir mentiras.

Lo segundo es que los niños no deben andar solos por el mundo.

Lo tercero es que la basura puede ser peligrosa, porque puedes caerte y te puedes cortar.

Lo cuarto es que el bosque está bastante lejos.

Lo quinto es que el mundo está desordenado y eso no le gusta nada.

Cuando se le acaba la primera mano, Olga lo mira con un sueño pintado en los ojos.

—¿Por qué quieres ir? —pregunta porque no puede entenderlo.

—Creo que el espíritu del bosque sabe cómo salvar a Lina.

12
Por favor, Olga

Durante toda la semana, Marcos le manda a Olga mensajes desde su ordenador. Le envía los kilómetros que la separan del bosque de la cima de la montaña: 23, y cuesta arriba. Le envía una foto terrorífica de un monstruo que se llama lobo y que existía en la antigüedad. Le envía un estudio clínico firmado por una doctora llamada Águeda Ruso que, con palabras muy raras, explica un caso parecido al de Lina, y que tuvo final feliz.

Pero cada día, en el colegio, ve los ojos de Olga brillar de aquella forma extraña mientras piensa en su secreto, y por eso sabe que su amiga no va a cambiar de opinión.

Por favor, Olga, no vayas, le escribe el viernes, desesperado. «Tengo miedo por ti y me duele la barriga de pensarlo».

«Si te chivas, no volveré a llevarte de la mano por las calles», responde Olga, consciente de que está siendo un poco cruel.

A veces, los amigos se hacen daño sin saberlo.

13
Pórtate bien

Lina lleva en la mochila su pijama favorito y un libro muy gordo de aventuras para leerlo mientras está enchufada a la máquina. Sus padres le han ofrecido llevar la videoconsola, pero ella prefiere leer. No sabe muy bien por qué, pero cuando su cabeza se mete en un libro, se olvida de sus pulmones y del flu y del fla de las máquinas.

Al despedirse, le da un beso a Olga en la coronilla, porque así se nota que ella tiene quince años y su hermana solamente diez. A Olga, normalmente, ese beso le daría mucha rabia, pero ahora tiene la cabeza en su viaje y no le da importancia.

—¿Te pasa algo? —le pregunta Lina.

Olga está a punto de contárselo, pero entonces sus padres salen por la puerta roja y cierran con llave. Los cuatro están en el porche. Ella ya no puede hablar.

—¿Llevas todo lo que necesitas para dormir en casa de Marcos? —comprueba su padre mientras Lina y su madre se van montando en el coche.

—Pantalones azules, camiseta azul y ropa interior limpia —responde Olga, mintiendo de tal manera que le empiezan a temblar las piernas.

Su padre también nota algo y la abraza durante un buen rato.

—Todo va a salir bien, cariño —le dice—. Lina va a estar bien.

Olga asiente, porque de pronto no le salen las palabras.

Está a punto de vivir la mayor aventura de su vida y todo su cuerpo lo sabe.

Su madre baja la ventanilla y le tira un beso. Lina le hace un gesto con la mano y, después, se monta su padre.

—¡Pórtate bien! —se despide.

El coche sale marcha atrás del camino de grava, esquivando un montón de basura gris y metálica. Después enfila la calle y da la vuelta a la esquina. Durante todo ese trayecto, Olga siente el deseo de gritar para confesar su plan. Pero no lo hace. Piensa en todas las plantas que ha cultivado en su dormitorio. Piensa en los libros que ha leído sobre la naturaleza. Piensa en el espíritu del bosque y en los pulmones de Lina. En los pulmones sucios de tantos humanos sobre la Tierra.

Eso le da un poco de valor.

14
El plan ha funcionado

Marcos la espera en el patio de detrás de su casa, entre el montón de tuberías de plástico apiladas por tamaño y el montón de cascos de botella apilados por color. Olga lo ve antes de saltar la valla baja. Su amigo se retuerce las manos y mira hacia el cielo con nerviosismo. Por primera vez, Olga se da cuenta de la suerte que tiene de tener a Marcos y se promete compensarlo en cuanto vuelva de su aventura secreta.

Se pasa los dedos por el pelo para ordenárselo y se mete la camiseta por dentro. Así Marcos estará más cómodo cuando la vea.

—Chisss... —lo llama.

Su amigo mira hacia su casa, por si sus padres han oído el chistido y después va hacia Olga.

—El plan ha funcionado —le dice sin ninguna ilusión—. Tus padres no han llamado a los míos.

—Han confiado en mi palabra. —Se alegra Olga.

—Eso es mucho peor.

—Antes de que te des cuenta habré vuelto —le promete a su amigo—. He regado todas mis plantas y hasta mañana por la tarde no necesitarán mis cuidados.

—Se tardan más de cinco horas en andar 25 kilómetros en llano —informa Marcos.

Olga lo abraza con todas sus fuerzas y le regala su mejor sonrisa de exploradora.

—Mándame un mensaje cada hora —le recuerda su amigo, incapaz de resistirse al ataque de cariño.

—Sí, «mamá»...

—¡Me lo prometiste el miércoles a las once y media!

—Y cumpliré mi promesa.

Como no tienen mucho más que decir, Marcos le da un paquete con barritas energéticas. Olga asiente con confianza y saca su pantalla pequeña del bolsillo para ver la ruta. Al ver que es el recorrido que él mismo le envió por correo, su amigo se siente mucho más relajado. Ha trazado un camino lejos de las carreteras para que nadie la atropelle ni la descubra.

Olga trepa la valla de nuevo y, en el último momento, oye la voz de Marcos desde el otro lado:

—Si encuentras al espíritu del bosque, dile que jamás en mi vida he tirado un papel al suelo.

15
Todos se llevaron las manos a la cabeza

La Tierra se pone a recordar con humor.

A principios del último milenio, los seres humanos hicieron grandes manifestaciones en defensa del planeta.

Se extinguían unas ciento cincuenta especies al día.

Había una isla de plásticos en el océano.

El Amazonas estaba siendo deforestado.

Se lanzaban gases contaminantes a la atmósfera.

Se gastaban bromas sobre el calentamiento global. Y una foto de un oso blanco famélico recorrió las redes sociales.

Todos se llevaron las manos a la cabeza.

Pero realmente a nadie le importó.

16
El perro flaco

Olga está saliendo del pueblo, camino del puente sobre el río marrón, cuando ve a un perro flaco tumbado al sol sobre un frigorífico abandonado. El animal mueve el rabo en cuanto sus ojos la contemplan.

Es blanco y marrón. Demasiado grande para estar tan flaco y demasiado flaco para estar tan feliz.

Olga revuelve en su mochila, que no tiene un pijama azul, ni ropa interior limpia, sino una linterna, una cuerda y cosas por el estilo, y encuentra uno de los bocadillos que ha preparado con pan artificial y jamón york falso. El perro huele en el acto que alguien va a tener compasión de sus costillas y se levanta contento para ir a su encuentro.

—¿De quién eres? —le pregunta Olga, dándole un trozo de su comida.

El perro espera a que ella le dé permiso para empezar a comérselo.

—Seguro que te han abandonado…

Olga le acaricia entre las orejas sin pensar en las pulgas. Sus abuelos tienen un perro que se llama Clark y que se comporta como un señoritingo. En el acto le cae mejor ese perro flaco que mueve la cola satisfecho.

—No te puedo dar más —le explica—. Tengo un largo viaje por delante.

Le enseña la pantalla, donde se ve el mapa con la ruta trazada hasta el bosque de la montaña, y el chucho le da un lametazo como si pensase que también está hecha de jamón. Olga se ríe y vuelve a acariciarlo entre las orejas a modo de despedida.

—¡Hasta luego, amigo! —le dice; deja atrás el frigorífico y continúa su camino.

Pero él no se quiere despedir.

17
Lo que piensa el perro

¡Oh, la niña!

¡La niña tiene una bolsa mágica de la que sale pan!

¡La niña sabe dónde está el sitio secreto entre mis orejas que me gusta tanto!

¡La niña huele a algo verde y cálido y mojado!

Voy a seguir a la niña.

18
Compañero

Al principio Olga cree que el perro la seguirá solo un rato y que, cuando vea que se ha alejado del pueblo, se volverá atrás. Pero se equivoca.

Lleva cinco kilómetros andando y el animal no se va.

La montaña tampoco se acerca.

Desde el pueblo parecía que la montaña podía tocarse con las manos. Su cima, siempre nublada, parecía una frontera mágica hacia el bosque invisible vista desde abajo.

Era como una promesa para la imaginación de Olga. Lo había sido desde que su madre le dio la primera semilla, desde que investigó los bosques en los libros y los buscó en los vídeos perdidos de Internet.

Pero ahora, mientras anda entre pilas de latas y restos apestosos de comida llenos de moscas, siente que está más lejos que nunca.

Decide ponerse a cantar. A Olga le gusta inventar canciones. El perro mueve la cola.

19
Canción

El bosque se había escondido
en lo alto de la montaña,
el bosque se había escondido
en lo alto de la montaña.
La niña sube que sube
andaba para alcanzarla;
el perro ladra que ladra
pensaba en acompañarla.
¿No te dan miedo los trastos
que encuentras a cada paso?
Me dan miedo las heridas
de basura sobre el campo.
¿No te da miedo la noche
que puede cogerte el paso?
No me da miedo la luna
si este perro está a mi lado.

El bosque se había escondido
en lo alto de la montaña,
el bosque se había escondido
en lo alto de…

20
Tim y Tom

50 —¿Lo has oído, Tom?
—Lo he oído, Tim.
—¿Es una niña, Tom?
—Parece una niña, Tim.
—¿Qué hará por aquí, Tom?
—No tengo ni idea, Tim.
—¿Investigamos?
—Investigamos.

21
Nuestro territorio

—¡Alto ahí, niña que canta! —grita una voz de pronto.

Olga da un respingo del susto y el perro comienza a ladrar hacia lo alto de una pared de microondas que se eleva al lado del camino. Por si acaso, Olga se acerca al perro y le pone una mano en el lomo.

Una sombra asoma a contraluz sobre la pared de electrodomésticos. Y después aparece otra. Olga se tranquiliza al ver que no son sombras muy grandes, más bien parecen niños. Eso le da valor.

—¿Qué queréis? —pregunta intentando sonar más valiente de lo que se siente.

—Las preguntas las hacemos nosotros, ¿verdad, Tim?

—Claro, Tom, para eso es nuestro territorio —responde la voz que ha hablado al principio.

Olga piensa que tienen voces de niños y se lleva la mano a los ojos para hacer visera. Efectivamente, ahí en lo alto, dos niños flacos, vestidos de la forma más ridícula que haya imaginado, la miran con las caras llenas de churretes.

El más alto, que es Tom, lleva de camiseta la parte de arriba de un disfraz de Spiderman y la parte de abajo de un disfraz de dragón. Para colmo, se ha puesto una especie de capa de piel y una gorra de tenis. El otro, que es Tim, lleva un bañador de flores y un abrigo de plumas rojo abierto, sin camiseta. Se cubre la cabeza con un sombrero de vaquero.

—¿Cómo que vuestro territorio? —pregunta Olga, interesada.

—¡Somos los señores de la basura! —grita Tom.

—¡Y este es nuestro territorio! —acompaña Tim.

Olga mira a izquierda y derecha.

—¿Desde dónde hasta dónde? Si llego a la pila de radiadores rotos, ¿me salgo de vuestro territorio?

Tim nota que la niña se está tomando todo eso a broma, pero no se lo dice a Tom porque su hermano se cree más listo y, si se lo dice, quizá se sienta un poco tonto.

—Desde donde ves hasta donde ves —responde Tom con grandilocuencia.

—Vaya... —Se sorprende Olga—. Pues sí que tenéis un territorio grande...

Y dándoles la espalda, comienza a andar, porque tiene que llegar a la falda de la montaña antes de que sea mediodía.

22
Carrera

—¡Alto! —grita Tom nervioso, viendo que la niña aquella no le hace el menor caso.

—¡Eso, alto! —añade Tim.

Corren por encima de los microondas y saltan entre las sillas de plástico cojas hasta llegar al suelo y alcanzarla.

El perro ladra otra vez, amenazándolos por si se acercan.

23
Lo que piensa el perro

No pienso compartir a la niña mágica con estos dos.

24
El impuesto de Tim y Tom

—¡Sujeta a tu amigo! —ruega Tim, que nunca se había avergonzado de mostrar su temor porque consideraba que era otra parte de la vida.

Tom, en cambio, le da un codazo.

—Para pasar por nuestro territorio tienes que pagar un impuesto —informa Tom, mientras le corta el paso a Olga.

—¿Un impuesto?

—¡Mil dólares! —Se alegra Tim.

A Olga le entra la risa.

—No tengo nada de dinero.

—¡Pues algo de lo que lleves en la mochila! —Se adelanta Tom.

Al perro aquello volvió a no hacerle gracia y ladró.

—Sujétalo, por fi... —ruega Tim de nuevo.

A Olga se le estaban inflando las narices. No quería perder más tiempo con aquellos dos, pero parecía que no la iban a dejar en paz.

—Podemos negociar mientras vamos andando —les dice, y les enseña la pantalla.

—Puedes pagarnos con la pantalla —suelta Tom.

Y entonces le entra la risa a Tim, porque le parecía una locura. Él no daría su pantalla por nada del mundo.

—Vas listo... —responde Olga.

El perro no se despega de su lado.

—¿Qué llevas en la mochila que nos puedas dar? —pregunta Tim, rascándose por debajo de su sombrero de vaquero.

—Poca cosa, la verdad, todo lo que llevo lo necesito.

—No será para tanto —se burla Tom.

—Estoy viviendo una aventura importante —informa Olga—. Voy al bosque de la cima de la montaña.

Entonces Tom y Tim se agarran las barrigas y comienzan a reír tan fuerte que se caen al suelo. El perro empieza a mover el rabo con alegría, y les lame las caras.

—¡El bosque en la cima de la montaña no existe! —gritan entre risas.

25
Negar y olvidar

A lo largo del tiempo, la Tierra ha aprendido mucho sobre los humanos.

Ha aprendido que tienen una gran capacidad para negar y olvidar.

Hubo un tiempo en que los humanos creían sin ver.

Hubo un tiempo en que, viendo, los humanos no creían.

Después aparecieron los grandes problemas de los humanos y de la Tierra.

Las guerras, el hambre, la contaminación, la extinción.

Para ellos, los humanos tenían solo dos respuestas: negar y olvidar.

26
PIEDRAS

Olga se queda clavada en el suelo, como si la mochila pesase lo mismo que el universo y las carcajadas de Tim y Tom fuesen piedras que la golpeasen.

—¡El bosque existe! —les grita, apretando los puños.

Los niños ríen de nuevo sin contenerse. Pero entonces Tim ve la cara blanca de la niña y trata de serenarse.

—A ver, ¿se puede saber quién te ha dicho a ti que el bosque existe? —le pregunta, y hace señas a su hermano para que pare.

—Mis padres, la maestra, los libros, Internet… —enumera Olga, bastante enfadada.

—Bah... esos no dicen más que mentiras —se burla Tom.

—¿Tú has visto el bosque? —se interesa Tim—. ¿Alguna vez? ¿En un día despejado?

—Nunca está despejado en la cima de la montaña.

—¿Ves? —insiste Tom—. No lo has visto, eso quiere decir que no existe.

—¡Tampoco he visto nunca un león y sé que queda uno en el zoo de Singapur!

—¡Singapur! —Se ríe Tom.

Tim lo aparta a un lado y coge por los hombros a Olga con cariño.

—Mira, niña, los mayores inventan muchas tonterías para entretenernos —le explica con ternura—. Si el bosque existiese, ¿no habrías ido de excursión con el colegio? ¿No te habrían llevado tus padres? ¿No habríamos ido nosotros que estamos siempre la mar de aburridos?

—Pero eso es porque hay tan pocos bosques en el planeta que hay que cuidarlos, si fuésemos todos, lo destrozaríamos, ya sabes lo que dicen en la tele los que mandan: «Nuestras reservas naturales son nuestro mayor tesoro». —Quiere convencerlo Olga.

—Tom, dile tú lo que dijo mamá…

Tom se adelanta y mira a los ojos a Olga:

—Los bosques se murieron hace veinte años, no queda un solo arbusto al aire libre en todo el planeta. Esa es la verdad.

27
Explosión

Cuando deseas algo con todas tus fuerzas, tu corazón comienza a ensancharse dentro del cuerpo. Es como un globo que no para de crecer. Y está lleno de amor, inocencia y alegría.

Por eso Olga, al escuchar esas palabras, siente como si algo le estallase en el pecho.

Es el globo de su sueño de alcanzar el bosque y salvar a Lina.

28
Una llama de esperanza

La Tierra sabe más cosas.

Los humanos no son como los tigres que duermen cuando tienen sueño, cazan cuando tienen hambre, beben cuando tienen sed.

Los humanos son muy complicados y, en su complejidad, se esconde su poder.

Los humanos pueden escribir historias y cantar canciones.

Pueden creer en lo imposible y soñar con un mundo mejor.

Hay una llama de esperanza que jamás se apaga en el corazón de la humanidad.

Por muy mal que se pongan las cosas.

Eso hace que la Tierra mire a Olga expectante.

29
Olga se rebela

Olga se lleva las manos al pecho y, de un solo gesto, aparta a Tim y a Tom.

—¡Me da igual lo que diga vuestra madre! —les grita—. ¡He dicho que voy al bosque y voy al bosque!

Tim sabe que la niña está a punto de llorar. Y Tom sabe que da igual lo que digan, la niña seguirá su camino, porque tiene en la mirada una cosa que los adultos llaman determinación y que él vio en los ojos de su padre cuando se fue a limpiar los océanos. A él tampoco le importó que le dijesen que aquello era imposible. Tampoco le importó que su madre se enfadase y tirase una sartén contra la puerta.

Entonces, por un momento, solo por un segundo, Tom siente que la niña tiene razón y que el bosque existe, que su padre va a salvar el mar.

—Déjala, Tim —le dice a su hermano, cogiéndolo de la mano.

—Pero va a ir para nada… —se queja él con pena.

Olga les da la espalda con rabia y continúa andando, mirando su pantalla. El perro la sigue, fiel.

—¡Niña! —grita Tom, cuando Olga está ya lejos—. ¡Si existe el bosque, ven y cuéntanoslo!

—¿Por qué le dices eso, Tom? —susurra su hermano—. Ya has oído a mamá…

—A lo mejor mamá no lo sabe todo, Tim…

—Menuda tontería, Tom…

Los hermanos ven como la niña desaparece y vuelven a trepar por la pared de microondas.

—Al final no nos ha pagado, Tom.

—Nos pagó con su canción, Tim.

—La verdad es que canta fenomenal.

30
Pruebas

Olga le envía un mensaje a Marcos mientras anda. Le pide que le mande los enlaces más recientes sobre el bosque que encuentre en Internet. En su corazón sabe que no está equivocada, pero necesita alguna prueba que se lo confirme.

Más rápido que el viento entre los plásticos, su amigo le pasa un enlace de hace dos días en el que uno de los botánicos que cuida del bosque sobre la montaña explica en qué consiste su trabajo.

«Tomamos muestras a diario para comprobar que los árboles crecen bien», explica. «Es importante controlar el nivel de contaminación del aire y el suelo.

Siempre nos sorprende descubrir que, cerca de las ramas, el aire es más puro».

Olga abraza la pantalla con todas sus fuerzas. Las palabras del botánico han pegado su corazón roto por los dos hermanos.

El perro salta contento a su alrededor.

—Al final voy a tener que ponerte un nombre. —Se ríe Olga, por fin tranquila.

31
En casa de Marcos

Marcos sigue la ruta de Olga desde su ordenador. Ha localizado el GPS de la pantalla de su amiga y la ve moverse por el mapa. Tiene que ampliar mucho la imagen para que sus pasos se aprecien.

Ha hecho cálculos y pronto llegará a la falda de la montaña.

—¿Hoy no sales a ordenar? —le pregunta su padre—. Es sábado.

—Hoy no —responde Marcos.

Hoy Olga es mucho más interesante que la basura caótica de la entrada.

32
Comienza la subida

El sol está en lo alto cuando Olga y el perro se sientan debajo de una sombrilla de playa que han encontrado entre los escombros.

Olga bebe un gran trago de su cantimplora y después echa un poco de agua en un jarrón medio roto que ve en el suelo. Está contenta porque lleva un rato notando que van ascendiendo. Encerrados entre tanta basura es difícil saber dónde comienza la montaña, pero siente que ya están a sus pies.

—No vamos mal de tiempo —le dice al perro—. Si seguimos a este ritmo, llegamos a la cima a las siete, ¿tú cómo lo ves?

33
Lo que piensa el perro

¡Abre la mochila!
¡Abre la mochila!
¡Saca magia de la mochila!
¡Niña sorprendente, dame de comer!

34
PAUSA PARA COMER

El perro mueve el rabo sin parar y Olga entiende que eso significa que el plan le gusta.

Lo acaricia entre las orejas y se le pone cara de tonto.

—¿Cómo voy a llamarte? Si te pongo un nombre, no te vayas a ir, ¿eh?

El perro da un gran bostezo y Olga se contagia. Su madre dice que los bostezos son por hambre, por sueño o por nervios. Así que abre la mochila y saca otro trozo de bocadillo.

Lo parte por la mitad porque cree que es justo compartirlo con su compañero.

—Cómetelo despacio —le advierte.

Mientras mastica, se hace una foto con el perro y se la manda a Marcos que, enseguida, responde horrorizado para avisarla de las pulgas, la suciedad y las enfermedades que el animal puede contagiarle. Olga se ríe divertida.

«¿Cómo puedo llamarlo?», le escribe a Marcos.

«Horror, calamidad, caos con patas», responde su amigo.

—Me gusta Caos. —Sonríe Olga—. Caos, ¿a ti te gusta?

35
Lo que piensa el perro

Te amo, niña mágica con comida.
Dame más.

36
Ascenso

Después de un leve descanso, Olga vuelve a ponerse en marcha y Caos la sigue. Pasan al lado de un montón de contenedores de basura desechados. Después acortan un poco de camino subiendo un tramo, escalando entre pantallas de ordenador.

En un punto de su ascenso, encuentran una torre construida con viejos teléfonos móviles.

—Alguien se ha estado entreteniendo. —Señala Olga casi sin aliento por el esfuerzo.

Caos, con media lengua fuera, sube delante de ella y le marca los caminos más cómodos.

A las cinco de la tarde, necesitan hacer otro descanso.

Olga guía al perro hacia un arroyo que aparece en su pantalla. Está tan lleno de mugre como el resto del mundo, pero el agua corre rápida y levemente amarilla entre las fiambreras abandonadas, los vasos de plástico y el resto de basura. A su lado hay otra torre de teléfonos, y esa es ya la novena que ve desde el almuerzo.

A Olga se le ocurre la idea de quitarse los zapatos con cuidado y meter los pies en el agua. En cuanto el frío la toca, un escalofrío le recorre la espalda.

Caos se pone a beber sin preocuparse del mal color del agua ni de la contaminación. Olga sabe que si ella bebiese, le dolería la tripa durante una semana.

Siempre hay que filtrar el agua.

Pero el perro debe estar hecho de acero, porque se tumba satisfecho a su lado y se queda dormido en el acto.

—¡Qué morro! —dice Olga.

Aunque no puede pensar demasiado.

Un ruido repentino a su espalda le hace dar un salto.

37
La bruja del cuento

—¿Qué tenemos por aquí?

Olga ha leído muchos cuentos ilustrados. También ha visto películas. Por eso no le hace falta mucho más para saber que la mujer que acaba de aparecer es la viva imagen de una bruja de cuento.

Su imaginación se llena de pócimas, jaulas con niños regordetes, ruecas y manzanas envenenadas. Así que se pone blanca.

La vieja, en cambio, tiene la piel un poco amarilla, le faltan muchos dientes y le sobran algunas verrugas. Para colmo, lleva una tela encima de la cabeza y una bolsa que a Olga le parece de lo más peligroso.

Se pone de pie con cuidado en el arroyo y mira a Caos deseando con todas sus fuerzas que se despierte.

—Eh… Hola… —saluda.

38
La vieja se pregunta

Hace por lo menos doce años que la vieja no ve niños en la montaña. Eso haciendo unos cálculos rápidos. Quizá si se esfuerza, le salen unos cuantos años más. ¿Cuál fue el último niño que vio?

¡Ah, sí! Se acuerda, aquel rubio de cara de pillo que iba buscando no sé qué placa para volver a poner en funcionamiento una vídeoconsola de hacía un siglo. Maldito diablo, lo dejó todo hecho unos zorros. ¡Fue peor que una plaga!

Frunce el ceño y mira a la niña. La vieja se pregunta si tiene cara de ir en busca de una pieza para algún ordenador.

Se hace un silencio incómodo mientras la mujer guiña un ojo para verla mejor. Y Olga traga saliva con todas sus fuerzas.

¿Se la comerá la bruja de su cuento?

39
Lo que pasa en el hospital

84 Lina lleva casi tres horas enchufada a la máquina que hace flu y hace fla, y al libro de aventuras. En su historia no hay brujas, pero sí magos. Magos poderosos que consiguen lo que quieren diciendo las palabras exactas.

Lina piensa que si las palabras exactas funcionasen, ella tendría unas cuantas que decir.

Pulmón, por ejemplo. Pero también mar y árbol, hierba y viento.

Sus padres están sentados en su habitación, mirando sus pantallas, entretenidos. Lina sabe que están preocupados. Así que también diría la palabra salud y calma.

Se queda parada en un punto entre párrafos y decide que ya sabe lo que quiere hacer el día de mañana. Quiere ir a la universidad y después investigar sobre la mejor manera de curar al planeta. Las palabras mágicas no existen, pero el esfuerzo y el tesón pueden cambiar algo.

Solo hay que ser valiente. Y, enchufada a su máquina, Lina sabe que lo es.

40
Ortigas

Olga no.

Olga ha escuchado cómo su saludo se quedaba en el aire y la vieja la miraba de arriba abajo.

Ahora calcula si salir corriendo sin zapatos, o si cogerlos al vuelo y después huir. Si corre descalza seguro que se destroza los pies, pero si se queda allí plantada…

La vieja da un paso hacia ella y a Olga se le pone la piel de gallina. Estira las manos como para protegerse, asustada.

—¿Pero qué haces, niña? —Se extraña la vieja—. ¡Que me vas a tirar la torre! —la advierte señalando a los móviles apilados junto al agua.

—No me haga nada... —ruega Olga, decidiendo ser cobarde.

—¡Ni tú a mí! —Se ríe la vieja.

—Yo soy inocente.

—Eso no lo tengo yo tan claro. Anda, sal del agua y ponte los zapatos, pero no pises por ahí...

Olga obedece apartándose todo lo que puede de la vieja. Ella, mientras tanto, se acerca con cuidado a la torre de los teléfonos, se agacha y deja al lado su bolsa.

Dentro asoman diferentes tipos de hojas y raíces y Olga no puede resistirse. Con un zapato puesto y otro sin poner, se acerca a la pata coja.

—¡Achicoria! —Se sorprende al reconocer en la cesta una planta que conoce.

—Y ahora ortigas... —Asiente la vieja concentrada—. Mira...

Olga se pone el zapato a todo correr y se agacha a su lado. La vieja le señala un hueco junto a los teléfonos apilados y levanta una bandeja de plástico medio rota bajo la que está creciendo con timidez una ortiga.

—Esta no podemos cortarla —la informa la mujer.

—Ha crecido sola... —murmura Olga fascinada—. La planta ha crecido sola...

—Bueno, es más bien un hierbajo, pero sí.

—No puede ser...

La risa de la vieja parece más la de una bruja que nunca, y despierta a Caos.

41
Si la dejaran...

A la Tierra le pica aquí y allá.

Si por ella fuera, sacaría fuerza de flaqueza.

La Tierra sabe lo que parece: un vertedero.

La Tierra sabe, además, que está terriblemente enferma.

Pero si la dejaran... Ay, si la dejaran...

42
Clara usa una palabra

La bruja se llama Clara y vive en la montaña. Lleva viviendo en la montaña más de cincuenta años.

Un día decidió alejarse de toda la suciedad que seguían generando los pueblos y ciudades. Emprendió su camino y construyó su propia casa reutilizando y reciclando basura. Después aprendió a mirar detrás de la armadura del mundo. Así fue como empezó a ver.

—La basura lo tapa todo —le dice a Olga acompañándola un tramo de su camino—. Hay que esforzarse para descubrir la belleza de la Tierra.

Olga está fascinada. Le ha contado a Clara su plan y a la vieja le ha parecido estupendo. Le ha aconsejado una ruta más fácil para llegar al bosque. Un camino que no la haga trepar tanto.

Clara le habla de la montaña. De su vida allí. De sus descubrimientos. Olga le pregunta por la tierra y por el aire, por el riego que necesitan esas plantas que crecen entre la basura.

Todo está contaminado. No lo entiende. Clara usa una palabra:

—Adaptación.

Caos corretea libre y contento mientras van subiendo.

—Adaptación —repite Olga.

Entonces se lo escribe a Marcos en la pantalla y le manda una foto con Clara, aunque sabe que quizá le da un infarto. También le manda una foto de las plantas silvestres que crecen con una fortaleza que la abruma.

«¡Te han secuestrado!», responde Marcos.

«Me están enseñando a mirar».

43
En casa de Marcos

Marcos busca la palabra que le ha mandado Olga. Internet le muestra muchas entradas que no tienen nada que ver con la aventura de su amiga. Vuelve a intentarlo y, después de probar añadiendo «plantas», sus ojos se abren sorprendidos.

—¿Te encuentras bien, Marcos? —pregunta su madre, inquieta.

—Sí… —responde Marcos ensimismado.

Ha empezado a leer.

44
ADAPTACIÓN

La Tierra podría contar su historia.
Una historia de cambios.
Placas tectónicas en movimiento.
Continentes que se chocan.
Eras glaciares.
Dinosaurios.
La Tierra es más vieja que Clara.
Tiene miles de millones de años.
Vegetación y fauna se han adaptado.
La Tierra ha visto a los humanos volverla inhabitable.
Han intentado adaptarla a ella en lugar de adaptarse.
Le da un poco de risa.
Son un punto en medio de la eternidad.
Menudo desastre han armado.

45
El camino con Clara

Clara acompaña a Olga un buen trecho mientras el sol se mueve en el cielo.

Poco a poco, conforme suben la montaña, la basura grande va desapareciendo y solo quedan restos pequeños: bolsas de plástico, colillas, latas y papeles.

Se mueven como un mar cuando sopla el viento.

Van de aquí para allá.

A Caos le hace gracia. Le gusta perseguir las botellas de plástico. Cuando atrapa una, la lleva un tramo entre los dientes. Contento, moviendo el rabo.

Olga le cuenta a Clara que tiene un jardín en su habitación y le enseña algunas fotografías.

—Eres admirable, niña. —Se sorprende la vieja.

Y Olga se arrepiente un poco de haber pensado que era una bruja.

—Escondes un buen secreto, Olga.

—Tú también.

Las dos se ríen y sienten que un lazo invisible las ha convertido en amigas.

Cerca de las siete, la nube que parecía lejana sobre la montaña se ha transformado en niebla.

—Te dejo aquí, niña —dice Clara—. Estoy cansada y esa humedad se me mete dentro. Sigue las indicaciones que te he dado y, si te pierdes, me mandas un mensaje.

Olga asiente, agradecida. La vieja acaricia a Caos y el perro le da un lametazo en la mano. Es muy educado.

Entonces, Clara se aleja y Olga le escribe rápidamente a Marcos: «Voy a entrar en la niebla».

46
Lo que pasa en el hospital

Lina está aburrida. Lleva medio libro y ha dado ya mil vueltas por el pasillo enganchada a su máquina.

Así que le escribe a Olga.

«¿Qué haces, enana?».

Su hermana responde rápido.

«Investigando sobre la adaptación de las plantas».

Lina pone los ojos en blanco. Pero entonces recuerda su determinación de estudiar algo que ayude a cambiar el mundo, a mejorarlo. Olga lleva años intentándolo.

Lina se muerde el labio un poco incómoda. Escucha la máquina haciendo flu y haciendo fla.

Al final se decide.

47
El mensaje de Lina

Estoy orgullosa de ti.

48
DENTRO DE LA NUBE

Olga lo lee justo cuando se adentra en la niebla. Y eso le da fuerzas.

El sonido se ve amortiguado por las nubes. Nota en su piel pequeñas partículas de agua. Como besos helados. Escucha el jadeo de Caos. El perro piensa seguirla hasta el fin del mundo, al parecer.

Sus pisadas hacen ruido en la tierra, como si raspasen. Poco a poco, su visión se va adaptando a las reglas de la niebla. Una brisa suave mueve la humedad blanca a oleadas.

Olga persevera. Lina se siente orgullosa de ella.

Enciende la linterna. No sirve de nada.

La luz reluce como una nube amarilla y circular, pero casi no alcanza el suelo. Caos pasa a su lado como una centella. Siempre feliz, siempre seguro.

Pero Olga empieza a impacientarse.

Se siente como si la hubiesen encerrado en un territorio interminable, eterno. Da igual cuánto ascienda, siempre está entre la niebla.

Su corazón comienza a latir con fuerza.

Puede escucharlo.

Como en un altavoz.

Bum bum.

Bum bum.

Entonces, se tropieza.

49
Cataplum

El chillido de Olga acompaña a la caída.

Da con sus rodillas en el suelo y, al apoyar las manos, deja caer la pantalla.

Nota como se hinca las piedras diminutas en la piel hasta que se le rompen los pantalones. Un dolor agudo y frío hace que se le salten las lágrimas.

De pronto, Clara, Tim y Tom, Marcos, su casa... Todo parece terriblemente lejano. Todo parece una estúpida locura. ¿Por qué se ha empeñado en subir a la montaña? ¿Por qué ha mentido a sus padres? ¿Por qué cree en cosas que no existen: como el bosque, como el espíritu con el que ha soñado?

Olga tiene miedo de moverse por si el dolor se hace peor.

Menos mal que existe Caos.

50
Lo que piensa Caos

102 ¡La niña mágica ha gritado!
¡La niña mágica ha gritado!
Huele a hierro.
Huele a sangre.
Huele a sal.
No me gusta.
Me gusta la niña.
¡Ya voy, niña!

51
TODO SALDRÁ BIEN

Caos le lame la cara a Olga y le seca las lágrimas.

Parece que dice: «No te preocupes, todo saldrá bien». Y Olga hace un esfuerzo por moverse porque quiere abrazarlo.

El perro la ayuda a incorporarse. La olfatea, comprobando los daños.

Olga se limpia las manos en la camiseta. Le da miedo mirarse las rodillas. ¿Cómo se ha tropezado?

Se da cuenta de que su pie izquierdo se ha quedado atrapado en algo.

—Maldita basura —masculla enfadada.

Saca otra vez la linterna y se alumbra para descubrir la herida. Se ha roto el vaquero y una de las rodillas le sangra bastante. Pero no parece grave.

Acaricia la cabeza de Caos, que sigue muy preocupado. Y apunta a su pie.

—¿Qué es esto?

Algo marrón y estriado sale de la tierra haciendo un arco. Ahí se ha enganchado su pie. Se agacha para verlo mejor. ¿Qué es?

Lo toca con dedos curiosos e intenta seguir con la luz el recorrido de eso que sale del suelo.

Justo en ese instante, una ráfaga de viento tramposa mueve la niebla. Solo por unos instantes. Lo suficiente para que Olga vea un árbol por primera vez.

52
Abrazos

—Es una raíz —le explica a Caos.

Después busca su pantalla para hacerle una foto. Afortunadamente ha caído cerca y no se ha roto.

Eleva los ojos al cielo, esforzándose por ver entre la niebla la sombra del árbol que ha vislumbrado solo unos instantes. ¿Puede ser verdad?

Tantea el suelo con cuidado y camina hacia él. Solo está a unos pasos de distancia. Cuando lo alcanza, descubre que es delgado, como ella. Un calor sorprendente brota de su corazón y, sin pensarlo, Olga abraza al árbol.

—Eres el primer árbol de mi vida —le dice.

53

Lo que pasa entonces

El árbol la entiende.

54
Olga canta otra vez

Ya nada podrá detenerla.

Olga siente que podría subir al Everest si hiciese falta. Llena de energías renovadas, sigue ascendiendo.

Va con cuidado. No quiere volver a caerse y la herida de su rodilla se lo recuerda. Se la ha lamido para evitar que sangrase.

Los árboles al principio están lejos unos de otros. Tiene que andar un buen trecho para alcanzar al siguiente. La niebla se va deshaciendo poco a poco, descubriéndole sombras, apartándose con el viento que parece favorecerla. Olga canta su canción.

El bosque se había escondido
en lo alto de la montaña,
el bosque se había escondido
en lo alto de la montaña.
La niña sube que sube
andaba para alcanzarla;
el perro ladra que ladra
pensaba en acompañarla.

108 Su voz se eleva alegre y Caos sonríe a su lado.

El perro y la niña conjuran al sol. La frontera de nubes les abre un paso.

La niebla ha quedado atrás.

Delante refulge un bosque poderoso.

55
CORAZÓN DE PÁJARO

Ninguna fotografía, ningún vídeo, nada puede igualarse a lo que ven los ojos de Olga.

Antes creía que sabía lo que era el color verde, porque lo guardaba en su habitación.

Ahora no.

Ahora descubre nuevos matices que el sol arranca de las hojas, de la hierba.

Siente que su corazón es un pájaro. Y quiere volar entre las ramas.

Árboles y árboles. De distintas especies. Altos y majestuosos. Delgados y tímidos. Jóvenes y viejos.

—Es un bosque, Caos... ¡El bosque existe!

Ahora le gustaría tener delante a esos tontos de Tim y Tom. Le gustaría restregarles el bosque por los ojos. Pero también le gustaría escucharlos al sorprenderse.

Olga no se puede contener. Corre hacia el bosque seguida de Caos. El perro cree que es un juego y ladra feliz.

Llegan a los árboles y Olga los abraza.

—Encantada de conocerte —les dice.

Se presenta. Les explica por qué quería conocerlos. Los acaricia al pasar como si fuesen amigos. Baila entre los helechos. Canta a voz en grito.

56
Lo que piensa Caos

112 ¡Viva la niña!
¡La niña está loca!
¡Que saque un bocadillo!

57
El baile de las hojas

Tras la carrera, Olga se deja caer entre las plantas.

Se tumba bocarriba. Mirando las ramas de los árboles. La luz se cuela entre las hojas, mecida por el viento. Oye un pájaro y sabe que es su corazón. Todo canta.

Caos se tumba a su lado. Con la lengua fuera, jadeando. Olga alarga la mano y lo toca. Con un gesto, se quita los zapatos y arrastra los pies entre la hierba.

—¿Se puede ser más feliz? —le pregunta al perro.

Olga se ríe sola. Piensa en Lina y se dice que tiene que traerla. Aquí sus pulmones se limpiarían.

Entonces piensa en Marcos. Tiene que escribirle.

Saca la pantalla de la mochila y graba un vídeo.

Le enseña las hojas de los árboles bailando sobre su cabeza.

—Ojalá estuvieras aquí —le dice.

58
Lo que pasa en casa de Marcos

Marcos no puede evitar que una sonrisa cálida se extienda por su cara.

Quizá debería haber ido con ella, piensa. Pero un escalofrío le recorre la espalda.

Toda la basura del camino hasta llegar a la cima de la montaña le pone la piel de gallina.

Entonces niega con la cabeza.

No.

—Un día seré tan valiente que iré con ella —dice en voz alta.

Sus padres no están cerca para escucharlo. Menos mal, si no, lo habrían llevado al médico.

59
Lenguaje compartido

A Olga el bocadillo le sabe a gloria. A Caos mucho mejor.

Apoyados en el tronco de un árbol mastican felices. Olga siente los pies doloridos, las piernas cargadas, el alma libre. Ha merecido la pena.

Más allá del bosque, se ve la frontera de niebla. La nube que ha quedado bajo ellos. Tapa todo el mundo que Olga conoce: el camino hacia la montaña, su pueblo... Pero después se acaba. Y bajo el sol de la tarde de verano, puede ver el mundo gris y contaminado.

El enorme y contaminado mundo gris.

—¿Crees que existe el espíritu del bosque? —le pregunta a Caos.

El perro mueve la cola mirándola concentrado.

—Ojalá que exista el espíritu del bosque —se responde a sí misma.

Después le da otro trozo de bocadillo a Caos. Por fin ha entendido su lenguaje.

60
Rotación y traslación

118 La Tierra bosteza viendo salir y ponerse el sol.

Gira sin parar.
No se detiene.
Rotación y traslación.
Así obra los días y las estaciones.
Es rítmica.
Como el corazón de Olga.
Y, como él, también tiene fe.
Hasta en la humanidad.

61
Lo que piensa Clara

Olga se ha quedado dormida después de comer.

El agotamiento y la alegría la han desbordado.

Caos se ha dormido también. Pero antes ha olisqueado la mochila mágica por si conseguía más comida. No ha tenido éxito.

Alejarse de toda la basura ha sido un bálsamo para los dos.

Como respirar después de bucear un largo rato.

En su casa hecha de basura, Clara tararea y piensa en Olga mientras hace la cena. Se pregunta si la niña habrá llegado. Si estará bien.

—¿Se le mostrará el espíritu del bosque? —dice de pronto, deteniéndose en sus quehaceres.

Ella sabe que existe.

Un día, lo vio.

62
UN RESPLANDOR AZULADO

Un escalofrío despierta a Olga.

La noche ha caído sobre el mundo. Un cielo preñado de estrellas la contempla. Al principio, Olga no sabe dónde está. Nunca ha visto un cielo como ese. Jamás ha estado lejos de casa por la noche.

Caos abre un ojo y, al comprobar que la niña sigue allí, vuelve a dormirse.

La fascinación que Olga ha sentido por el bosque, vuelve a encenderse.

Miles de millones de estrellas la miran. Los satélites artificiales se mueven como si fueran hormigas que recorren el firmamento.

—No sabía lo que era la noche —confiesa Olga.

Entonces, un resplandor azulado le llama la atención entre los árboles. Es como una nube transparente y luminosa.

Otro niño habría tenido miedo. Pero Olga sabe lo que es.

63
A LOS PIES DEL ROBLE

Siguiendo el resplandor, Olga llega junto a un roble inmenso.

Su tronco es tan ancho como la mesa del comedor y sus ramas se extienden apartando a los demás árboles.

A sus pies, un anciano translucido, como un fantasma brillante, la mira apoyado en su bastón. Es el espíritu del bosque y lleva mucho tiempo esperándola.

64
Paseo con un espíritu

Olga no sabe qué decir, por eso dice:

—Hola.

El espíritu del bosque le sonríe y le tiende una mano para que se acerque. Olga lo obedece. Su piel transparente está surcada de arrugas y su cabeza calva está iluminada por una sonrisa cálida.

—Hola, Olga —responde él.

Ella no se sorprende porque conozca su nombre.

—Creo que tienes muchas preguntas —continúa y, haciéndole un gesto, le pide que lo acompañe.

Olga anda al lado del espíritu del bosque. Pasean entre los árboles sin prisa.

Ella quiere encontrar la pregunta perfecta. No quiere sentirse tonta.

—¿Qué podemos hacer? —suelta al final.

—Bueno, podemos seguir paseando, creo que es muy agradable. —Se ríe el espíritu del bosque.

Olga sonríe. Lo vuelve a intentar.

—¿Qué podemos hacer para arreglar el mundo?

—No sabía que los humanos te hubiesen elegido para representarlos —bromea el viejo.

—Nos represento a Marcos y a mí... —prueba—. Y también a Lina.

El espíritu del bosque asiente. Olga siente que él ya lo sabe todo. Que conoce a Marcos y a su hermana. Que conoce el jardín que ha creado en su habitación. Porque no es la primera vez que se ven.

—Nosotros te recordamos —explica Olga—. A ti, al bosque... Aunque no te conociésemos. Y estoy segura de que somos muchos más... ¡Seguro que millones de humanos!

Él se ríe con ternura.

—Si llevases el bosque a todos los sitios... —Olga siente que su corazón se está ensanchando. Por fin sabe lo que tiene que decir—. Si llevases el bosque a todos los sitios, como crecen las ortigas bajo la basura, la gente te conocería y volverían a cuidarte. Volveríamos a cuidar el bosque y la Tierra. ¡Baja los árboles de la montaña! ¡Haz crecer las plantas! ¡Por favor!

65
Lo que respondió el espíritu del bosque

Hazlas crecer tú.

66
Una luz intensa ciega a Olga

Parpadea confundida. Y enfadada. ¡Menuda respuesta! Se lleva las manos a los ojos, intentando protegerlos. Pero la luz es tan fuerte que duele.

Está a punto de gritarle al espíritu del bosque que pare. Pero entonces escucha otra voz:

—¿Pero tú qué haces aquí?

La luz se aleja un poco de sus ojos. Caos ladra a su lado y Olga alarga una mano para tranquilizarlo.

Guiñando, mira a su alrededor.

El espíritu del bosque ha desaparecido. ¿Cómo puede ser?

Guiña de nuevo. Hay un hombre con una linterna a su lado.

De pronto, se pone a hablar por un pinganillo.

—Está herida, pero parece que está bien —dice.

Olga lo mira mejor.

Es el botánico del último enlace que le había mandado Marcos.

67
Pillada

Menudo follón.

Olga está castigada un mes sin salir de casa.

Resulta que el bosque tiene videovigilancia. Y sensores de movimiento. Y mil dispositivos.

El equipo de investigación que trabaja de tarde ha visto saltar las alarmas cuando Olga se adentra en la niebla. Con tan poca visibilidad no han conseguido localizarla. Así que la han buscado por todo el bosque. Hasta bien entrada la noche.

En cuanto la pillan, Olga sabe que no puede contar la verdad. Si dice que ha ido a hablar con el espíritu del bosque, la llamarán loca. Si cuenta que quiere salvar el mundo para salvar a su hermana Lina, la llamarán tonta. Así que se calla.

Por eso el botánico del vídeo llama a sus padres. Y por eso está castigada.

68
Las palabras de la madre de Olga

Me has decepcionado.

69
LO QUE PASA EN EL HOSPITAL

Lina escucha toda la historia con los ojos abiertos de par en par. Cuando su padre termina, le da un ataque de risa.

—¡Pues sí que tengo una hermana valiente! —Se alegra, más orgullosa que nunca.

—Valiente va a ser la multa que nos pongan por colarse en el bosque —se queja papá.

Pero Lina sabe que está orgulloso también.

Y asustado.

Asustadísimo.

Como su madre, que ha salido pitando con el coche al punto de encuentro que le han dicho los guardeses del bosque.

70
Quiero arreglar el mundo

El botánico es bastante simpático.

Le hace un chocolate artificial a Olga y le pone agua a Caos. Entonces le pregunta por qué ha ido al bosque. Y ella le cuenta una media verdad.

Le habla de su jardín secreto.

De su fascinación por las semillas.

Le habla de los pulmones de Lina.

—Quiero arreglar el mundo —suelta al final, retadora.

—¿Cuántos años tienes? —le pregunta él.

—Diez.

El botánico se ríe en su cara. Pero no es una risa para avergonzarla. Es la risa más sorprendida que ha soltado en semanas.

—Lo conseguirás, Olga, lo conseguirás.

—¡¿Pero cómo?! —Se desespera ella.

71
Otro problema

Cambiar el mundo de pronto no es el problema.

El problema es convencer a su madre de que Caos se va a vivir con ellos. Después de todo el asunto de su aventura secreta.

—Ni hablar. —Son las últimas palabras.

Así que Olga pide permiso para llamar a Clara. La anciana dice que ella cuidará del perro hasta que convenza a sus padres.

—¿Y esta señora quién es? —pregunta su madre.

—Una buena amiga —responde Olga.

72
Lo que piensa su madre

Esta niña ha salido a su padre.

73
Lo que piensa Caos

¡No!
¡No!
¡No!
¡Quiero irme con la niña mágica!
¡No!

74
Solución a los ladridos de Caos

140 El botánico saca un trozo de jamón y el problema se acaba.

75
UN GESTO VALIENTE

Marcos se planta en casa de Olga en cuanto ella lo avisa.

No importa que sean las tres de la madrugada. No importa que la calle esté llena de basura desordenada. Ni que le suden las manos una barbaridad.

Tampoco importa que la madre de Olga esté enfadadísima.

—Venir ahora es lo más valiente que has hecho nunca —le dice Olga a su amigo.

Y cuando los dos se abrazan, la madre de Olga lo invita a dormir.

—Pero estás castigada —recuerda.

Olga se ríe y le da a su madre un beso enorme. Está tan cansada que la puede perdonar.

76
Una última inquietud

Lina vuelve a casa al día siguiente con su padre.

Pero pasan dos semanas antes de que Caos pueda incorporarse a la familia. Antes, Olga ha tenido que contarles a sus padres y a los padres de Marcos todo lo que pensaba. Y el porqué de su aventura.

Una noche escucha a sus padres hablando.

—Es una valiente —dice su madre.

—Ha salido a ti —dice su padre.

Ese día, Olga duerme fenomenal.

Aunque también pasan otras cosas. Por ejemplo, les escribe a Tim y Tom para decirles que el bosque existe. Les manda un vídeo. Así que los hermanos emulan su aventura. Y el botánico la llama.

—Como no dejes de compartir el vídeo, sí que te pongo una multa.

Por eso Olga no lo cuenta en el colegio. Tampoco Marcos.

Solo hay una cosa que la inquieta: lo que dijo el espíritu del bosque.

No sabe si le gastó una broma, si se hizo el chulito o si lo dijo de verdad. ¿Cómo iba ella a llevar el bosque al mundo?

77
Marcos le da la respuesta

144 No puedes llevar el bosque al mundo, Olga, pero a lo mejor sí que puedes llevar tu jardín.

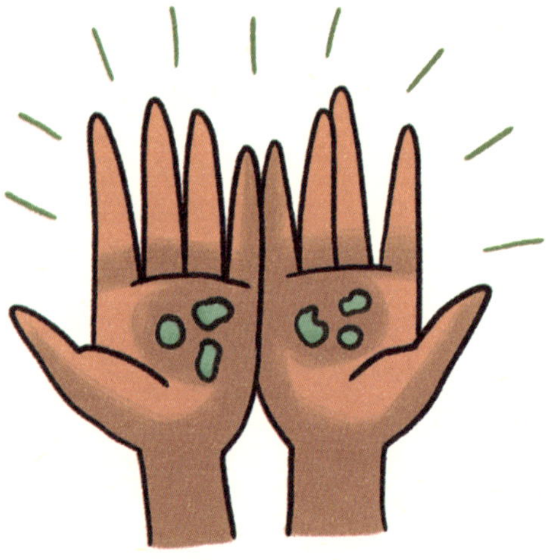

78
Los cambios grandes son pequeños

Después de decirlo, le regala unas semillas que ha comprado con su paga por Internet.

Olga se queda mirando su mano abierta llena de futuras plantas. La imagen de la ortiga entre la basura vuelve a su cabeza.

Se abraza a Marcos llena de alegría. Le desordena la ropa. A él, de pronto, eso le da igual.

—¡Vamos! —le dice.

Y lo lleva de la mano a través de la basura.

Por primera vez, Marcos no cierra los ojos.

79
Un jardín exterior

146 Lina está sentada leyendo en el porche. A su izquierda hay una maceta llena de margaritas. A su derecha, unas cintas verdes.

Pero no hay ninguna máquina que haga flu ni fla.

Olga y Marcos están de rodillas en la tierra. Caos mueve el rabo a su lado. Ahora está más gordo. Han limpiado de basura todo el jardín delantero. Marcos ha ordenado la mugre por colores. Con ella ha hecho pequeños cercados irregulares. Así separan las plantas. Algunas no llevan bien el cambio de escenario. Estaban mejor en el dormitorio.

—Adaptación —repite Olga.

No se rinde. No le importa experimentar. Seguirá probando, sin descanso. El jardín delantero ya parece un jardín como los que salen en los libros. El botánico del bosque se ha convertido en su asesor. Clara también la aconseja de vez en cuando. Aunque sean Marcos y ella los que caven, es un trabajo en equipo. Por eso el corazón de Olga está satisfecho.

80
Hormigas

La Tierra mira a Olga.
Tiene el tamaño de una hormiga.
Muchos se desanimarían por eso.
Pero la Tierra conoce a las hormigas.
Trabajan en equipo, tienen tesón, son incansables.
Una niña planta entre la basura.
La Tierra sabe que florecerá.

Patricia García-Rojo

Patricia García-Rojo es licenciada en Filología Hispánica por la Universidad de Jaén y da clases de Lengua Castellana y Literatura en un instituto de Mijas (Málaga). En 2007 ganó el premio Andalucía Joven de Narrativa con su novela La fábrica creátor (Berenice), *lo que le permitiría publicar entre 2008 y 2014 la saga completa de Los Portales de Éldonon, formada por cuatro libros:* La fábrica creátor, Los cines somnios, La última musa *y* La sede de los imaginatos. *En 2012 publicó su primer libro de poemas,* Amar es aquí, *con Ediciones Torremozas. Al que después han seguido* El hombre, la casa, la luz *(2014),* Cumpleaños número 15 *(2017) y* El café de por las tardes *(Universidad de Jaén, 2018). En 2013 quedó finalista del Premio Gran Angular con* Lobo. El camino de la venganza, *que fue publicada posteriormente en la colección Gran Angular (SM) y en el año 2016*

recibió el Premio Mandarache. En 2015 ganó el Premio Gran Angular con su novela El mar, que se ha traducido al ruso y al coreano. *En 2017 publicó* Las once vidas de Uria-ha *(SM) que fue finalista de los premios Celsius en 2018. En 2019 vio la luz su novela juvenil* Yo soy Alexander Cuervo *(SM). En 2016 comenzó a publicar su serie La pandilla de la Lupa (SM), que cuenta ya con cinco títulos de narrativa infantil (*Color verde ladrón, Color azul enemigo, Color rojo culpable, Color morado traidor, Color amarillo suplantador*). Además, en 2018 publicó su novela* La alacena *en Anaya, dentro de la colección El Duende Verde.*

María Corredera

María Corredera (Málaga, 1985) siente desde pequeña pasión por la lectura, lo que la llevó a enamorarse de cada libro ilustrado que caía en sus manos. Llegado el momento, decidió que su carrera sería ilustrar, transmitir a otros niños y niñas el amor por los libros. Después de varios años trabajando en libros de texto, actividades, juegos de cartas y publicidad, con Estefanía, Merlín y el pavoroso Chulu, *de Miguel Matesanz (Ediciones El Transbordador), ha dado el salto a su verdadera pasión, ilustrar narrativa. Definiendo un estilo fresco, desenfadado y centrado en aportar su visión a cada historia. Considera fundamental hacer proyectos personales, tanto por diversión como para practicar técnicas y estilos nuevos sin temor a equivocarse.*

Índice

Premio de Narrativa Infantil
Ciudad de Málaga

2010 *La bicicleta de Selva*
Mónica Rodríguez

2011 *Fede quiere ser pirata*
Pablo Aranda

2012 *Una terrible palabra de nueve letras*
Pedro Mañas Romero

2013 *Treinta y tres días antes de conocerte*
Paloma Muiña

2014 *El Club de los Bichos*
Laida Martínez Navarro

2015 *Cara de otro*
Pedro Riera

2016 *Esmeralda y yo*
Juana Cortés Amunarriz

2017 *El gallimimus*
Paloma Bordons

2018 *Cazar un bosque, pescar un mar*
Amaia Cía Abascal

2019 *El secreto de Olga*
Patricia García-Rojo

Este libro se terminó de imprimir el 29 de octubre de 2019, 369 años después de que se cortase el último ejemplar de Paschalococos disperta, o *Palma de Rapa Nui. La isla de Pascua era un vergel repleto de especies autóctonas, pero se cree que sus habitantes abusaron de tal manera de su entorno que acabaron prácticamente con todos sus recursos naturales.*